Au-delà de l'Indépendance: Le Coût Réel de la Souveraineté Africaine

Un voyage à travers les luttes et les triomphes des nations africaines qui cherchent à façonner leur propre destin dans un monde globalisé.

Ce livre plonge au cœur des questions de souveraineté et d'indépendance en Afrique, révélant les défis cachés et les sacrifices exigés des peuples africains dans leur quête incessante pour une véritable autonomie. À travers des analyses perspicaces et des témoignages émouvants, Ousmane Daou explore les répercussions de l'autodétermination, tant sur le plan national qu'international, et les luttes continuelles pour maintenir cette souveraineté face aux influences et aux interventions étrangères.

"Un regard profond sur les dynamiques souvent invisibles qui façonnent l'avenir de l'Afrique."

Droits d'auteur

Copyright © 2024 Ousmane Daou
Tous droits réservés.
Aucune partie de cette publication ne peut être reproduite, distribuée ou transmise sous quelque forme ou par quelque moyen que ce soit, y compris la photocopie, l'enregistrement ou d'autres méthodes électroniques ou mécaniques, sans l'autorisation écrite préalable de l'éditeur.

Dédicace

Dédié aux peuples résilients d'Afrique, dont l'esprit endurant inspire le monde.

Table des Matières

Préface

Ce livre est né d'une nécessité urgente de comprendre et de discuter les coûts réels de la quête de souveraineté en Afrique. À travers ce texte, je souhaite offrir un regard critique sur le parcours complexe et souvent douloureux que les nations africaines ont emprunté vers l'autodétermination. La souveraineté africaine, bien qu'officiellement reconnue sur le plan international, reste entravée par de nombreux défis internes et externes. Ce livre explore les sacrifices consentis et les prix payés, non seulement pour atteindre l'indépendance mais pour maintenir une véritable autonomie dans un monde globalisé.

L'objectif principal de ce livre est de renforcer la compréhension et la résilience des peuples africains face aux défis de la souveraineté. En exposant les dynamiques historiques et actuelles qui façonnent les états africains, ce livre aspire à équiper ses lecteurs avec les connaissances nécessaires pour participer activement au développement de sociétés plus justes et autonomes. Nous espérons également inspirer un dialogue constructif entre les Africains et la communauté internationale sur les meilleures façons de soutenir et respecter la souveraineté africaine dans le respect des aspirations locales.

Introduction

La souveraineté est le droit absolu d'un état à se gouverner lui-même, libre de toute ingérence extérieure. Cela englobe la capacité de réguler ses propres politiques, de gérer ses ressources et de diriger ses affaires politiques et économiques selon la volonté de sa population. Dans le contexte africain, la souveraineté est aussi intrinsèquement liée à la lutte pour l'identité culturelle et la dignité, étant donné les séquelles de la colonisation et de la manipulation géopolitique.

La souveraineté en Afrique est cruciale car elle constitue la base de l'autodétermination et du progrès socio-économique. Dans un monde où les influences externes souvent masquent des intérêts néocoloniaux, affirmer et maintenir la souveraineté est essentiel pour le développement d'une gouvernance qui reflète véritablement les besoins et les désirs des peuples africains. De plus, avec les ressources naturelles abondantes et une jeunesse dynamique, l'Afrique a la potentiel de façonner son avenir, mais seulement si elle peut s'affranchir des chaînes de dépendances et d'interférences qui ont historiquement entravé son développement.

Cette introduction pose le décor pour une exploration en profondeur des défis et des victoires liés à la souveraineté africaine, explorée plus en détail dans les chapitres suivants.

Partie I : Contexte Historique et Politique

Chapitre 1 : Les Racines de la Conquête

Avant d'explorer la quête actuelle de la souveraineté en Afrique, il est essentiel de comprendre les racines profondes de la conquête coloniale qui ont façonné le paysage politique, économique et social du continent. Ce chapitre plonge dans l'histoire précoloniale de l'Afrique, marquée par une diversité culturelle et politique considérable, avant de détailler le processus et les impacts de la colonisation européenne.

L'Afrique Précoloniale : Diversité et Complexité

L'Afrique, avant l'arrivée des colonisateurs européens, n'était pas un continent uniforme mais une mosaïque de royaumes, d'empires et de communautés tribales. Des empires puissants comme ceux du Mali, de Songhaï, du Zimbabwe et d'Éthiopie, pour n'en nommer que quelques-uns, avaient établi des structures de gouvernance complexes et des réseaux commerciaux étendus tant à l'intérieur du continent qu'avec d'autres parties du monde. Ces civilisations étaient caractérisées par une grande diversité linguistique, culturelle et religieuse, avec des systèmes de croyances traditionnels coexistant avec l'islam et le christianisme.

L'Impact du Colonialisme

L'ère coloniale a marqué une rupture profonde dans le développement de ces sociétés. Les puissances européennes, armées de leurs ambitions impérialistes et de leurs avancées technologiques, ont redessiné les frontières et imposé de nouvelles structures administratives. Ce bouleversement n'était pas seulement territorial mais aussi culturel, affaiblissant les institutions indigènes et imposant des systèmes étrangers qui déstabiliseraient les nations pour des générations.

Les premiers contacts entre les Africains et les Européens remontent au 15ème siècle, marqués initialement par le commerce le long des côtes. Toutefois, l'introduction du commerce des esclaves transforma radicalement ces interactions. Le commerce transatlantique des esclaves déstabilisa de nombreuses sociétés africaines, dépeupla de vastes régions et déstructura les économies locales. Cette période de traite négrière imposa aussi des dynamiques militaires et politiques qui affaiblirent les structures étatiques existantes et préparèrent le terrain pour la conquête coloniale ultérieure.

La Scramble for Africa

La phase la plus dévastatrice de l'interaction européenne avec l'Afrique commença avec la Conférence de Berlin en 1884-1885, où les puissances européennes se partagèrent le continent sans considération pour les réalités ethniques ou historiques. Ce "Partage de l'Afrique" initié par des motifs économiques et politiques conduisit à une période de colonisation brutale. Les frontières arbitraires tracées par les Européens créèrent des nations artificielles qui amalgamaient et divisaient des groupes ethniques et culturels, semant les graines de conflits futurs.

Les Méthodes et Conséquences de la Colonisation

Sous le joug colonial, les Africains furent soumis à diverses formes de gouvernance indirecte, exploitation économique, et assimilation culturelle forcée. Les puissances coloniales extrayaient des ressources précieuses en imposant des travaux forcés et en instituant des systèmes de taxation punitifs, tout en établissant des infrastructures principalement destinées à bénéficier à l'économie métropolitaine. Cette période entraîna une érosion profonde des structures traditionnelles de pouvoir et une altération des identités et des modes de vie locaux.

Répercussions et Héritages

Les répercussions de la colonisation sont encore visibles aujourd'hui dans les défis politiques, sociaux et économiques auxquels l'Afrique est confrontée. Les frontières coloniales, souvent maintenues après les indépendances, continuent de défier la cohésion nationale et régionale. En outre, les modèles économiques extractifs établis pendant la colonisation ont souvent été perpétués, entravant le développement économique diversifié et durable.

La décolonisation, souvent accueillie avec une joie immense, cachait les germes de futurs conflits. Les frontières arbitraires tracées par les colonisateurs devinrent les frontières de nouveaux États, souvent multiethniques et multiconfessionnels, semant ainsi les graines de discordes internes.

En conclusion, les racines de la conquête en Afrique sont profondes et lourdes de conséquences. Pour comprendre la quête contemporaine de souveraineté, il est crucial de reconnaître et de traiter cet héritage colonial. Ce chapitre pose les bases nécessaires pour explorer comment les nations africaines peuvent surmonter ces vestiges du passé et s'orienter vers un avenir de souveraineté véritable et de prospérité partagée.

Chapitre 2 : Le Prix de la Liberté

La lutte pour l'indépendance en Afrique, si édifiante qu'elle ait été, a entraîné une série de défis complexes qui continuent d'affecter le continent aujourd'hui. Ce chapitre explore les sacrifices humains, sociaux et économiques qui ont été faits au nom de la liberté, ainsi que les conséquences souvent inattendues de ces luttes.

Les mouvements de libération en Afrique ont été divers et complexes, allant de négociations pacifiques à des guerres de libération sanglantes. Ces luttes ont souvent été motivées par un désir profond de retrouver la souveraineté et l'autodétermination qui avaient été érodées par des siècles de domination étrangère.

Les Nouveaux Défis de la Liberté

La liberté a apporté avec elle un nouvel ensemble de défis. Les jeunes nations ont dû faire face à des conflits internes, à des crises économiques et à des pressions pour moderniser rapidement, tout en préservant leur patrimoine culturel et en construisant une identité nationale cohérente.

1. Sacrifices humains et résistance

L'histoire de l'indépendance africaine est marquée par des figures emblématiques de résistance, telles que Patrice Lumumba, Thomas Sankara, et Nelson Mandela, dont les sacrifices personnels symbolisent la lutte de tout un continent. Ces leaders, souvent à travers des chemins semés d'épreuves, ont confronté des forces bien mieux équipées et financées. Leur résilience a posé les fondements de la nouvelle souveraineté, mais non sans un coût humain immense, incluant des assassinats politiques, des emprisonnements, et des exils forcés.

2. Déstabilisation économique

L'émergence des nouveaux États indépendants a fréquemment été accompagnée par une instabilité économique profonde. Les métropoles coloniales se retiraient souvent en emportant capitaux, compétences et plans économiques, laissant derrière elles des économies désorganisées et mono-productrices, principalement orientées vers l'exportation de matières premières. Cette situation a entravé le développement des industries locales et a exacerbé la dépendance économique à l'égard des anciennes puissances coloniales et des nouvelles influences mondiales.

3. Clivages sociaux et politiques

Les frontières tracées par les colonisateurs sans tenir compte des réalités ethniques et culturelles ont souvent semé les graines de futurs conflits internes. Les luttes post-indépendance pour le pouvoir ont fréquemment dégénéré en affrontements ethniques ou régionalistes, entraînant des guerres civiles et des génocides, comme ce fut le cas au Rwanda et au Soudan. La construction d'une nation unie à partir de ces diversités forcées reste un défi majeur.

4. Influence néocoloniale

Même après l'obtention de l'indépendance, l'influence néocoloniale a continué à façonner les politiques et les économies africaines. Sous le nouveau masque de l'aide internationale et des prêts conditionnés, les anciennes puissances coloniales et les nouveaux acteurs mondiaux ont souvent dicté des termes qui ont favorisé une forme de dépendance politique et économique renouvelée, limitant ainsi la véritable autonomie des nations africaines.

5. Renaissance culturelle et identitaire

En dépit de ces défis, l'indépendance a également déclenché une renaissance culturelle et intellectuelle. Les Africains ont commencé à redéfinir leur identité, à réévaluer leur histoire et à réaffirmer leur culture. Cette période a vu l'émergence de mouvements littéraires et artistiques qui ont revendiqué une fierté africaine, contribuant à la consolidation d'une conscience panafricaine.

Après l'indépendance, de nombreux pays ont hérité d'économies monocultures destinées à servir les intérêts des anciennes métropoles. Le chemin vers une véritable autonomie économique et politique a été entravé par des structures neocoloniales, des dettes écrasantes et des attentes irréalistes imposées par des institutions financières internationales.

Ce chapitre met en lumière le prix exorbitant de la liberté, non seulement en termes de sacrifices humains et de déstabilisation économique, mais aussi comme une opportunité pour redéfinir l'identité et le futur du continent. La liberté a coûté cher, et les défis restent nombreux, mais l'espoir demeure, nourri par les leçons tirées de ces expériences.

Chapitre 3 : Situations Actuelles

Le Contexte Géopolitique Actuel

Les interventions extérieures en Afrique, sous divers prétextes, continuent d'influencer la politique et l'économie des pays africains. Les conflits en cours dans des pays comme le Mali, le Burkina Faso, et le Niger sont exacerbés par des intérêts étrangers et des luttes pour le contrôle des ressources naturelles. Ces interventions ne se limitent pas à des influences militaires ou politiques ; elles englobent également des aspects économiques tels que l'accès privilégié à des matières premières essentielles et l'influence sur les politiques commerciales et financières des nations africaines.

Les Mouvements de Souveraineté et de Démocratisation

Dans de nombreux pays africains, les mouvements vers une gouvernance démocratique et transparente sont à la fois encouragés et entravés par des forces internes et externes. Les aspirations des peuples à plus de démocratie se heurtent souvent aux réalités du pouvoir politique qui est influencé par des acteurs externes et des élites internes. Ces mouvements démocratiques sont parfois vus comme une menace pour les intérêts établis, à la fois locaux et internationaux, ce qui entraîne des réactions de répression ou de manipulation politique. Cependant, il existe également des exemples inspirants où des pressions civiles ont conduit à des réformes significatives et à une plus grande ouverture politique.

Vers une Souveraineté Complète

La quête de la souveraineté totale est loin d'être terminée. Elle implique une lutte continue pour la capacité de chaque nation à contrôler son destin, à travers des institutions renforcées, une meilleure gouvernance, et une participation active des citoyens à la vie politique. Ces efforts sont cruciaux pour surmonter les héritages du passé et les défis du présent, pour bâtir un avenir où la souveraineté est à la fois complète et significative.

L'avenir de la souveraineté en Afrique repose sur la capacité des nations à s'affranchir des influences néocoloniales tout en intégrant les valeurs de la gouvernance mondiale moderne. Cela exige des cadres légaux et des institutions qui non seulement respectent les normes internationales, mais qui sont aussi profondément ancrés dans les réalités et les cultures locales. Les défis sont nombreux, mais les opportunités le sont tout autant, offrant la possibilité d'un renouveau fondé sur l'autodétermination et l'innovation.

Cette partie du livre vise à établir une compréhension de la profondeur historique et politique qui a façonné les réalités contemporaines des nations africaines. En regardant derrière nous, nous pouvons mieux naviguer vers l'avenir. En analysant les forces qui façonnent le contexte géopolitique actuel, les mouvements de souveraineté et de démocratisation, et les aspirations vers une souveraineté complète, nous pouvons envisager des stratégies pour que les nations africaines prennent en main leur destin de manière autonome et durable.

Partie II : Défis de la Souveraineté

Chapitre 4 : Les Défis Économiques

La quête de la souveraineté africaine est profondément ancrée dans des enjeux économiques complexes. Les défis sont nombreux, allant des séquelles de politiques coloniales et postcoloniales à la nécessité d'innover dans un environnement mondialisé. Ce chapitre met en lumière les obstacles économiques que doivent surmonter les nations africaines pour atteindre une véritable autonomie.

1. **Dépendance aux marchés externes**

   La structure économique de nombreux pays africains est marquée par une dépendance excessive aux matières premières destinées à l'exportation, telles que le pétrole, les minéraux et les produits agricoles. Cette dépendance héritée de l'ère coloniale limite sérieusement la capacité des nations africaines à exercer une véritable autonomie sur leur économie. Les fluctuations des prix internationaux peuvent entraîner des crises économiques majeures sans que les pays n'aient beaucoup de leviers pour y remédier.

2. **Investissement et capitaux étrangers**

   L'attrait pour les capitaux étrangers est indéniable, car ils sont perçus comme une opportunité pour stimuler l'économie. Cependant, ces investissements viennent souvent avec des exigences qui peuvent compromettre la souveraineté économique. Les contrats miniers et pétroliers, souvent opaques, peuvent entraîner une exploitation des ressources sans gains significatifs pour les populations locales, en plus de poser des défis environnementaux majeurs.

3. **Développement des infrastructures**

   Le déficit d'infrastructures est criant en Afrique subsaharienne. Routes, réseaux électriques, accès à l'eau potable, installations sanitaires et éducatives sont souvent insuffisants pour répondre aux besoins de la population. Ce sous-développement freine la croissance économique, entrave la prestation de services de base et limite les opportunités de développement local et régional. Les gouvernements doivent prioriser les investissements dans ces domaines essentiels pour améliorer la qualité de vie et favoriser une croissance économique inclusive.

4. La fuite des cerveaux

L'un des défis les plus poignants pour l'Afrique est la migration de ses talents. Éducateurs, médecins, ingénieurs, et autres professionnels hautement qualifiés partent souvent travailler à l'étranger où les conditions de vie et les opportunités de carrière sont meilleures. Cette émigration affaiblit les institutions locales et réduit la capacité des pays à progresser vers une autosuffisance économique et technologique. Pour contrer ce phénomène, il est crucial de créer des environnements propices au développement professionnel et personnel sur place.

5. Accès au capital et aux marchés financiers

Les petites et moyennes entreprises africaines, qui sont le moteur potentiel de l'économie, se heurtent souvent à un manque d'accès au capital. Les systèmes bancaires locaux, souvent sous-développés ou prudents, limitent l'accès au financement nécessaire pour démarrer ou développer des entreprises. De plus, les marchés financiers africains sont généralement moins développés et offrent moins d'options pour les investisseurs locaux et étrangers, limitant ainsi la capacité des entreprises à innover et à croître.

En abordant ces défis avec détermination et créativité, et en cherchant à renforcer l'autonomie économique, les pays africains peuvent poser les jalons d'une souveraineté pleinement réalisée. Cela nécessitera des politiques innovantes, un engagement fort de la part des leaders africains, et une collaboration soutenue entre les États, le secteur privé et les communautés locales pour transformer les défis économiques en opportunités de développement durable.

Chapitre 5 : Les Défis Sociaux

Les défis sociaux sont tout aussi critiques que les défis économiques dans la construction de la souveraineté. Ce chapitre examine les obstacles sociaux que les nations africaines doivent surmonter pour parvenir à une véritable indépendance.

1. Inégalités sociales et économiques

Des disparités profondes persistent entre différentes régions et classes sociales, exacerbées par des décennies de politiques discriminatoires et de gestion économique souvent précaire. Ces inégalités menacent la cohésion sociale et limitent l'accès aux opportunités économiques pour de nombreux Africains. Le manque d'accès à des ressources essentielles comme l'eau potable, le logement décent, et l'éducation de qualité, perpétue un cycle de pauvreté et d'exclusion qui entrave le progrès social et économique. Des efforts concertés sont nécessaires pour créer des politiques inclusives qui réduisent ces disparités et favorisent une redistribution équitable des richesses.

2. Éducation et formation

Le système éducatif en Afrique, souvent hérité de l'ère coloniale, est fréquemment déphasé par rapport aux réalités et exigences du marché du travail moderne. Ce décalage entrave la capacité des jeunes Africains à participer pleinement à l'économie nationale et mondiale. Adapter l'éducation pour mieux répondre aux besoins du développement national, intégrant les technologies modernes et les compétences en entrepreneuriat, est crucial. De plus, une augmentation significative des investissements dans l'éducation, notamment en termes d'infrastructure et de formation des enseignants, est essentielle pour garantir que tous les citoyens puissent bénéficier d'une éducation de qualité.

3. Santé publique

Les systèmes de santé en Afrique sont confrontés à de multiples défis, des épidémies de maladies infectieuses comme le VIH/SIDA et la malaria, à un manque criant de ressources médicales et d'infrastructures sanitaires. Le sous-financement chronique des services de santé publique limite leur efficacité et leur portée. Améliorer la santé publique est essentiel pour assurer un développement socio-économique durable. Cela passe non seulement par un meilleur financement de la santé, mais aussi par la mise en place de politiques de santé publique proactives qui peuvent prévenir les maladies et promouvoir des modes de vie sains au sein des populations.

4. Cohésion nationale

La diversité ethnique et culturelle de l'Afrique, bien que source de richesse, pose également des défis en termes de gouvernance et de cohésion nationale. Les tensions interethniques et les conflits internes sont souvent exacerbés par des inégalités économiques et des politiques gouvernementales discriminatoires. Promouvoir un sentiment d'identité nationale tout en respectant les identités locales est essentiel pour la stabilité sociale. Cela nécessite un dialogue inclusif et continu, une gouvernance participative, et des politiques qui valorisent et célèbrent la diversité culturelle tout en construisant une vision commune de l'avenir.

En résumé, les défis sociaux en Afrique sont complexes et interconnectés, nécessitant des approches multidimensionnelles et intégrées pour leur résolution. Le succès dans la surmontée de ces défis sera crucial pour la réalisation de la souveraineté et de l'autonomie à long terme.

Chapitre 6 : Les Défis Politiques

La souveraineté politique est le pilier central de la souveraineté globale. Ce chapitre discute des défis politiques auxquels les nations africaines sont confrontées dans leur quête d'autonomie. La stabilité politique est cruciale pour assurer le développement économique et social, mais elle reste insaisissable dans de nombreux contextes africains en raison de multiples facteurs internes et externes.

1. Instabilité politique et coups d'État

De nombreux pays africains sont en proie à l'instabilité politique, souvent exacerbée par des luttes de pouvoir et des coups d'État. Cette instabilité chronique empêche le développement d'institutions politiques solides et fiables, engendrant un cercle vicieux de fragilité et de faiblesse gouvernementale. Les coups d'État, en particulier, rompent la continuité administrative et jettent souvent le pays dans des périodes prolongées d'incertitude politique et économique. Analyser les causes profondes de ces instabilités révèle souvent un mélange complexe de mécontentement économique, de luttes ethniques et de compétitions pour le contrôle des ressources.

2. Corruption et gouvernance

La corruption reste un problème majeur, sapant les efforts de développement et érodant la confiance dans les institutions publiques. La lutte contre la corruption est cruciale pour renforcer la gouvernance et la légitimité des gouvernements. La corruption détourne des ressources vitales des services publics essentiels tels que la santé, l'éducation et les infrastructures, et elle décourage les investissements étrangers. Des mesures telles que la transparence accrue, l'amélioration des mécanismes de contrôle et la participation active des citoyens et des médias sont essentielles pour combattre ce fléau.

3. Pressions démographiques

L'augmentation rapide de la population en Afrique pose des défis importants en termes de gouvernance, de services publics, et de création d'emplois.

Gérer efficacement la croissance démographique est vital pour la stabilité politique et économique. Les gouvernements doivent trouver des moyens pour intégrer les jeunes dans l'économie par l'éducation, la formation professionnelle et la création d'emplois, tout en s'assurant que les infrastructures et les services publics suivent le rythme de la croissance démographique.

4. Droits humains et libertés civiles

La protection des droits humains et des libertés civiles est souvent en tension avec les pouvoirs en place. Renforcer les droits humains est essentiel pour une gouvernance juste et pour l'engagement citoyen dans le processus politique. Des institutions indépendantes et fortes, telles que les cours constitutionnelles et les commissions des droits humains, doivent être soutenues et renforcées pour défendre ces droits. De plus, la société civile et les médias jouent un rôle crucial en surveillant les actions gouvernementales et en tenant les dirigeants responsables.

Les défis politiques en Afrique sont divers et complexes, mais ils ne sont pas insurmontables. Avec une volonté politique réelle, un engagement envers la transparence et la justice, ainsi que le soutien de la communauté internationale, les nations africaines peuvent surmonter ces obstacles et bâtir des systèmes politiques stables qui respectent et favorisent la véritable souveraineté. La mise en œuvre de réformes significatives et l'engagement actif des citoyens dans la vie politique sont essentiels pour transformer le paysage politique de l'Afrique.

Ces chapitres détaillent non seulement les défis, mais aussi posent les bases pour discuter des solutions potentielles qui seront explorées plus en détail dans la troisième partie du livre, axée sur la construction de la résilience.

Partie III : Construire la Résilience

Chapitre 7 : Renforcer les Institutions

Pour une souveraineté durable en Afrique, le renforcement des institutions est impératif. Ces institutions, qu'elles soient politiques, judiciaires, économiques ou sociales, doivent être robustes pour résister aux pressions internes et externes et pour favoriser une gouvernance transparente et efficace.

Le Rôle des Institutions dans la Souveraineté

Les institutions fortes sont le socle d'un État souverain. Elles garantissent l'application des lois, la protection des droits humains et la distribution équitable des ressources. Sans institutions fiables, les États sont vulnérables aux crises et à la corruption, ce qui peut entraver leur chemin vers une véritable indépendance.

Stratégies de Renforcement Institutionnel

1. **Réforme Juridique et Judiciaire**

   Assurer l'indépendance de la justice pour qu'elle puisse agir sans influence politique est crucial. Cela implique la mise en place de mécanismes garantissant l'impartialité des juges et l'accès équitable à la justice pour tous les citoyens.

2. **Transparence et Responsabilité**

   Implémenter des mécanismes de transparence dans toutes les branches gouvernementales pour créer un environnement où les citoyens peuvent facilement accéder à l'information et tenir leurs leaders responsables. Cela comprend la mise en œuvre de lois sur l'accès à l'information et la création d'organes de surveillance indépendants.

3. **Renforcement des Capacités**

   La formation continue des fonctionnaires pour garantir compétence et intégrité est essentielle. Cela peut inclure des programmes de formation en gestion, en éthique et en compétences techniques, adaptés aux besoins spécifiques de chaque institution.

Cas Pratiques

L'examen de cas dans des pays comme le Rwanda et le Botswana montre comment des réformes institutionnelles efficaces ont contribué à leur stabilité politique et croissance économique. Le Rwanda, par exemple, a mis en œuvre des réformes institutionnelles vastes après le génocide de 1994, ce qui a mené à une période de stabilité et de croissance économique remarquable. Le Botswana, reconnu pour sa gouvernance stable, a développé des institutions démocratiques robustes qui ont aidé à maintenir sa croissance économique et à gérer efficacement ses ressources naturelles.

Défis et Perspectives

Malgré les succès observés, le renforcement institutionnel en Afrique fait face à des défis majeurs, notamment le manque de ressources, l'ingérence politique, et parfois un manque de volonté politique pour mettre en œuvre des réformes nécessaires. Pour surmonter ces obstacles, il est crucial que les efforts locaux soient soutenus par des engagements régionaux et internationaux, favorisant ainsi un cadre de développement qui respecte la souveraineté et encourage la coopération.

En conclusion, les institutions solides ne sont pas seulement nécessaires pour la stabilité politique mais aussi pour la confiance des citoyens et des investisseurs, essentielle à toute forme de progrès durable. En renforçant les institutions, les nations africaines peuvent se rapprocher d'une souveraineté réelle et durable, ce qui constitue un pas crucial vers la réalisation de leur potentiel complet.

Chapitre 8 : La Jeunesse en Avant

La jeunesse africaine, dynamique et croissante, est une force potentiellement transformatrice pour la souveraineté et la résilience des nations africaines.

Le Potentiel de la Jeunesse Africaine

Avec plus de 60% de sa population âgée de moins de 25 ans, l'Afrique est le continent le plus jeune du monde. Cette démographie jeune n'est pas seulement une statistique; elle représente une dynamique explosive de changement, d'innovation et de renouveau. Les jeunes d'Afrique, armés de nouvelles technologies, d'un accès élargi à l'information et d'une conscience globale accrue, sont des catalyseurs potentiels pour le changement sociopolitique et économique.

Mobiliser la Jeunesse

1. **Éducation et Formation:** L'investissement dans l'éducation de qualité et la formation professionnelle est crucial. Il est impératif de repenser les systèmes éducatifs pour qu'ils correspondent non seulement aux défis contemporains mais aussi aux opportunités futures. Des curriculums qui intègrent les compétences numériques, l'entrepreneuriat, et le leadership peuvent transformer le potentiel des jeunes en moteurs de croissance tangible pour leurs communautés et pays.
2. **Engagement Politique et Civique:** Encourager la participation des jeunes dans les processus politiques et les initiatives civiques est essentiel pour renforcer la démocratie et la gouvernance. Les jeunes doivent être vus non seulement comme des bénéficiaires des politiques mais comme des partenaires actifs dans la formulation de ces politiques. Cela comprend le soutien à leur participation dans les parlements, les conseils locaux, et les organisations non gouvernementales qui façonnent l'avenir politique.
3. **Innovation et Entrepreneuriat:** Les jeunes Africains montrent déjà un esprit entrepreneurial remarquable. Soutenir cet esprit par des politiques favorables, des accès facilités au financement, et des incubateurs d'entreprises peut débloquer des innovations significatives. Des initiatives gouvernementales et privées devraient se concentrer sur la création d'un environnement propice où les idées des jeunes peuvent être testées et mises en marché.

Exemples Inspirants

Des initiatives comme le programme YALI (Young African Leaders Initiative) montrent comment l'investissement dans les jeunes leaders africains peut propulser le développement et la gouvernance. En outre, des projets comme le programme de bourses d'étude Mandela Rhodes offrent des opportunités de formation et de réseautage qui transcendent les frontières africaines, forgeant une cohorte de leaders capables de penser globalement tout en agissant localement.

En Afrique du Sud, le programme "Activate!" engage les jeunes dans des dialogues nationaux et des projets de développement communautaire, les habilitant à jouer un rôle central dans le renouvellement de leur société. Au Nigeria, l'initiative "YouWin!" soutient les jeunes entrepreneurs dans la création et l'expansion de petites entreprises, catalysant ainsi l'emploi et la croissance économique locale.

L'avenir de l'Afrique dépend inévitablement de sa capacité à intégrer pleinement sa jeunesse dans la construction et la préservation de sa souveraineté. En cultivant une génération qui est éduquée, engagée, et innovante, l'Afrique peut non seulement répondre à ses défis actuels mais aussi façonner un avenir prometteur et durable. La jeunesse n'est pas seulement l'avenir de l'Afrique; elle est son présent dynamique, et le catalyseur de tout ce qui est possible demain.

Chapitre 9 : Vers une Souveraineté Durable

La quête de la souveraineté ne s'arrête pas avec l'indépendance politique; elle exige un engagement continu envers le développement durable et inclusif. Pour construire une souveraineté qui perdure, les nations africaines doivent adopter une approche holistique qui englobe les dimensions économique, sociale, et politique.

Éléments Clés de la Souveraineté Durable

1. **Autonomie Économique:** La diversification des économies est cruciale. Cela implique de réduire la dépendance aux exportations de matières premières et de développer des secteurs à valeur ajoutée tels que la technologie, le manufacturier et les services. Un marché intérieur fort est également vital pour stimuler la croissance locale et réduire la vulnérabilité aux chocs économiques externes.
2. **Résilience Sociale:** La construction de communautés résilientes passe par le renforcement de la cohésion sociale et l'assurance que tous les citoyens ont un accès équitable aux ressources essentielles telles que l'eau potable, l'éducation, et les soins de santé. Une société bien informée et éduquée est mieux armée pour faire face aux crises, qu'elles soient économiques, sanitaires ou climatiques.
3. **Intégrité Territoriale et Politique:** Maintenir l'intégrité territoriale est essentiel dans un contexte où les pressions et ingérences extérieures continuent de défier la souveraineté des États. Cela nécessite non seulement une défense robuste mais aussi une diplomatie proactive et stratégique pour gérer les relations internationales.

Stratégies et Actions

Pour atteindre ces objectifs, plusieurs stratégies peuvent être adoptées:

- **Adopter une gouvernance inclusive:** Cela implique d'assurer que toutes les parties de la société, y compris les groupes minoritaires et marginalisés, soient représentées dans le processus politique. Une gouvernance transparente et responsable renforce la confiance du public et soutient l'efficacité des politiques publiques.
- **Mettre en œuvre des politiques économiques prudentes:** Les politiques doivent favoriser l'investissement dans les secteurs clés tout en gérant de

manière durable les ressources naturelles. L'investissement dans l'infrastructure est crucial pour faciliter le commerce, l'éducation et la santé.

- **Investir dans l'éducation et la santé:** Ces secteurs sont les piliers d'une société stable et capable de poursuivre son développement économique. L'éducation favorise l'innovation et la compétitivité, tandis que l'accès universel aux soins de santé garantit une main-d'œuvre saine et productive.

La souveraineté durable est un voyage constant qui requiert la vigilance, l'innovation, et un engagement inébranlable envers les principes d'autodétermination et de développement autonome. Dans ce voyage vers une souveraineté pleinement réalisée, l'Afrique doit envisager chaque étape avec prudence mais aussi avec espoir. Le renforcement des institutions, l'empowerment de la jeunesse, et l'engagement vers la durabilité sont des pierres angulaires qui, ensemble, construiront l'avenir souverain que le continent mérite. En embrassant ces principes, les nations africaines peuvent se forger un avenir où elles ne sont plus des spectatrices de la mondialisation, mais des actrices clés sur la scène mondiale.

Conclusion

Ce livre a parcouru un vaste terrain, explorant la quête complexe et souvent pénible de la souveraineté en Afrique. Nous avons examiné les racines historiques de la domination et de la résistance, analysé les défis contemporains auxquels font face les nations africaines, et envisagé des voies pour renforcer les institutions et engager la jeunesse dans la construction d'un avenir résilient. L'idée centrale demeure que la souveraineté n'est pas simplement un statut politique ou un héritage du passé, mais un processus actif et en constante évolution qui demande engagement, sacrifice et vision.

Au cours de ce voyage, nous avons vu que les obstacles à la souveraineté véritable sont formidables mais pas insurmontables. L'histoire des peuples africains témoigne d'une incroyable résilience et d'une capacité à surmonter les adversités. Cependant, la route vers une souveraineté pleinement réalisée nécessite plus que de la résilience ; elle exige une unité d'action et un engagement renouvelé à la cause du progrès et de l'autodétermination.

Nous devons cultiver l'espoir malgré les défis, et transformer cet espoir en action concrète. Cela signifie construire des alliances au sein et entre les nations, partager les connaissances et les ressources, et surtout, écouter et valoriser les voix de tous les citoyens, en particulier les jeunes et les marginalisés. L'unité n'implique pas une uniformité de pensée ou d'action, mais un engagement commun à travailler pour le bien commun, respectant les diverses cultures et histoires qui composent le riche tissu de l'Afrique.

Annexes

Chronologie des événements clés

Cette section présente une chronologie des événements marquants qui ont joué un rôle crucial dans le développement de la souveraineté en Afrique. Elle commence avec les premiers mouvements de résistance contre la colonisation européenne et s'étend jusqu'aux efforts contemporains pour renforcer l'autonomie politique et économique.

- **1884-1885** - Conférence de Berlin : Formalisation du partage de l'Afrique entre puissances coloniales européennes.
- **1950s-1960s** - Vague d'indépendances : De nombreux pays africains obtiennent leur indépendance, marquant le début de la lutte pour une véritable souveraineté nationale.
- **1994** - Fin de l'apartheid en Afrique du Sud : Un jalon majeur pour la justice et l'égalité sur le continent.
- **2002** - Création de l'Union africaine : Remplace l'Organisation de l'unité africaine (OUA) pour promouvoir une meilleure intégration économique et politique.
- **2011** - Printemps arabe en Afrique du Nord : Début des soulèvements pour plus de démocratie et de souveraineté populaire.
- **2020s** - Initiatives pour la ZLEC (Zone de libre-échange continentale africaine) : Tentatives de renforcement de l'interdépendance économique entre les nations africaines.

Biographies des leaders influents

Cette section dresse le profil de figures emblématiques de la lutte pour la souveraineté en Afrique, mettant en lumière leur contribution unique à l'histoire du continent.

- **Kwame Nkrumah** - Pionnier de l'indépendance du Ghana et fervent défenseur du panafricanisme.
- **Patrice Lumumba** - Premier Premier ministre du Congo indépendant, dont l'assassinat reste un symbole puissant de la lutte contre l'impérialisme.
- **Nelson Mandela** - Figure de proue de la lutte contre l'apartheid et premier président noir de l'Afrique du Sud.
- **Thomas Sankara** - Révolutionnaire burkinabé, il est reconnu pour ses efforts pour l'indépendance économique et la justice sociale.
- **Wangari Maathai** - Militante écologique kenyane, lauréate du prix Nobel de la paix pour son engagement en faveur du développement durable et des droits des femmes.
- **Assimi Goïta** - est un officier militaire malien qui est devenu président intérimaire du Mali depuis le 28 mai 2021. Goïta était le leader du Comité national pour le salut du peuple, une force militaire qui a pris le pouvoir de l'ancien président Ibrahim Boubacar Keïta lors du coup d'État malien de 2020. Il a ensuite pris le pouvoir de Bah N'daw lors du coup d'État malien de 2021 et a depuis été déclaré président intérimaire du Mali.
- **Ibrahim Traoré** - est un officier militaire burkinabè qui est devenu le leader intérimaire du Burkina Faso depuis le coup d'État du 30 septembre 2022 qui a renversé le président intérimaire Paul-Henri Sandaogo Damiba. À l'âge de 36 ans, Traoré est actuellement le deuxième plus jeune chef d'État en exercice dans le monde, et le plus jeune président.
- **Abdourahamane Tchiani** - est un officier militaire nigérien qui est le président du Conseil national pour la sauvegarde de la patrie du Niger. Il a servi comme chef de la garde présidentielle nigérienne (2011-2023). Il a joué un rôle clé dans le coup d'État nigérien de 2023 en détenant le président Mohamed Bazoum. Le 28 juillet 2023, il s'est proclamé leader du Conseil national pour la sauvegarde de la patrie.

Glossaire des termes clés

- **Souveraineté** - Autorité suprême d'un État sur son territoire et son peuple, sans ingérence extérieure.
- **Néocolonialisme** - Contrôle indirect par d'anciennes puissances coloniales sur les affaires politiques et économiques d'une nation.
- **Panafricanisme** - Mouvement visant à renforcer l'unité et la solidarité entre les peuples africains.
- **Autodétermination** - Droit des peuples à choisir librement leur statut politique et à poursuivre leur développement économique, social et culturel.

Bibliographie

Cette section répertorie les références utilisées pour l'élaboration de ce livre, incluant des ouvrages académiques, articles de recherche, et documentaires.

- "The Wretched of the Earth" par Frantz Fanon
- "Decolonising the Mind" par Ngugi wa Thiong'o
- Articles divers sur la ZLEC et son impact sur la souveraineté économique en Afrique.

www.ingramcontent.com/pod-product-compliance
Lightning Source LLC
Chambersburg PA
CBHW040058240726
48664CB00004B/1247